Leserabe

2. Lesestufe

Heike Wiechmann • Cornelia Ziegler •
Claudia Ondracek • Sabine Rahn •
Alexandra Fischer-Hunold • Julia Boehme

Die besten Erstlesegeschichten für Mädchen 2. Klasse

Mit Bildern von Heike Wiechmann •
Marijke ten Cate • Silke Voigt •
Anja Rieger • Dorothea Ackroyd

Ravensburger

Bibliografische Information der Deutschen Nationalbibliothek:

Die Deutsche Nationalbibliothek verzeichnet diese Publikation
in der Deutschen Nationalbibliografie.
Detaillierte bibliografische Daten sind im Internet
über http://dnb.d-nb.de abrufbar.

1 3 5 4 2

Ravensburger Leserabe
Diese Ausgabe enthält Geschichten aus den Bänden „Das Detektivpony.
Lustige Pferdegeschichten"
von Heike Wiechmann mit Illustrationen der Autorin (S. 5-21),
„Schulgeschichten" von Cornelia Ziegler mit Illustrationen von Marijke ten Cate (S. 22-39),
„Reiterferiengeschichten" von Claudia Ondracek mit Illustrationen von Heike Wiechmann (S. 40-57),
„Drachengeschichten" von Sabine Rahn mit Illustrationen von Silke Voigt (S. 58-75),
„Schulgeschichten" von Alexandra Fischer-Hunold mit Illustrationen von Anja Rieger (S. 76-89),
sowie „Pferdegeschichten" von Julia Boehme mit Illustrationen von Dorothea Ackroyd (S. 90-99)
© 2004, 2005, 2007, 2009, und 2010

© 2020 für diese Sonderausgabe
Ravensburger Verlag GmbH
Postfach 24 60, 88194 Ravensburg
Umschlagbild: Lisa Brenner
Konzeption Leserätsel: Dr. Birgitta Reddig-Korn
Design Leserätsel: Sabine Reddig
Printed in Germany
ISBN 978-3-473-36171-7

www.ravensburger.de
www.leserabe.de

Inhalt

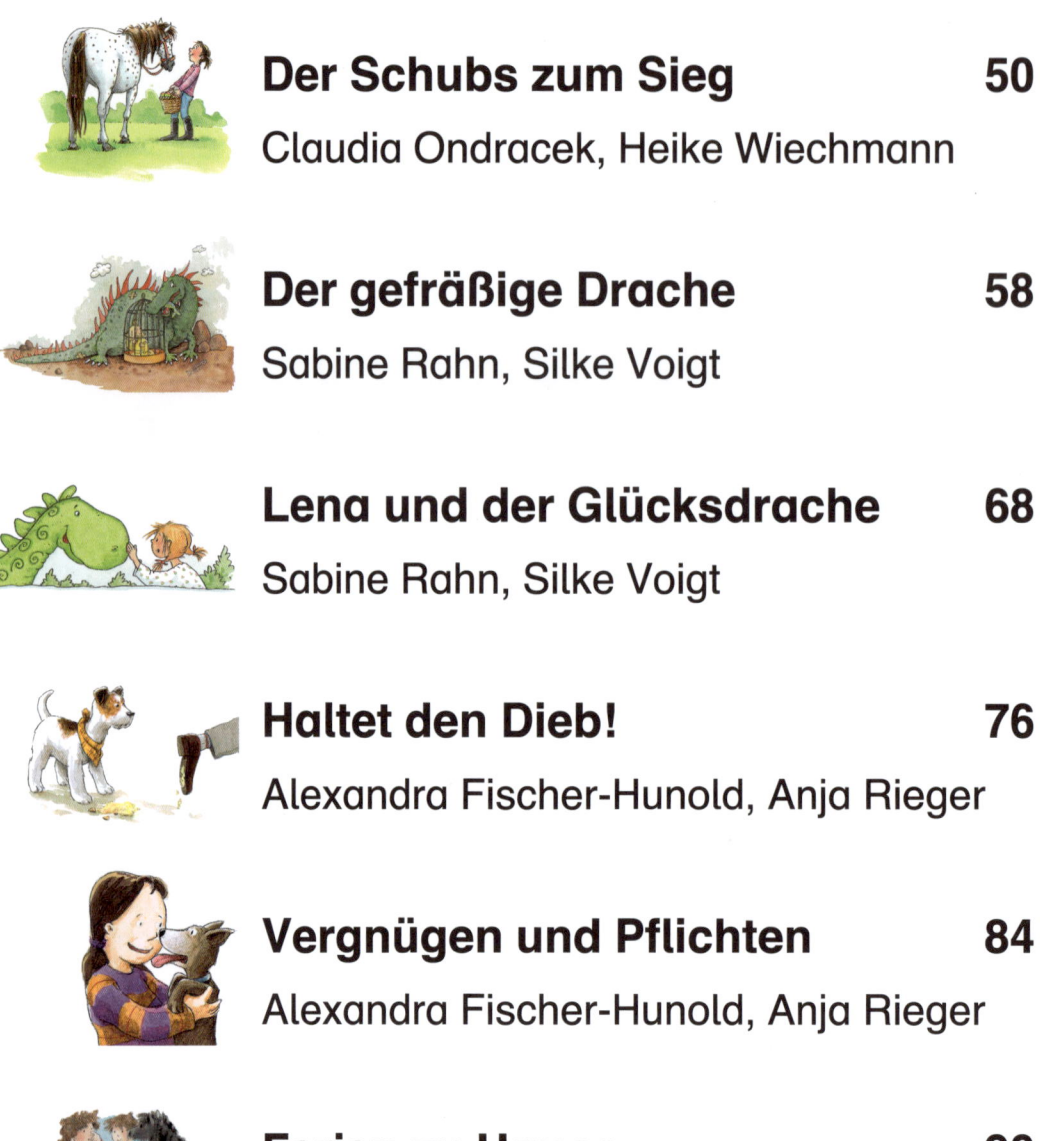

Ramses verzweifelt gesucht

„Ich reite Ramses!", ruft Anna
und stürmt in die Sattelkammer.
Carina ist schneller.
„Du warst gestern dran", sagt sie
und greift nach dem Zaumzeug
des kleinen Hengstes.

Finster stehen die beiden Mädchen
sich gegenüber.
„Seit Ramses auf dem Hof ist,
bist du eine echte Zicke",
sagt Anna.
„Denk bloß nicht, er gehört dir!",
antwortet Carina.

Grete, die Pferdepflegerin,
steckt den Kopf zur Tür herein.
„Hört auf zu zanken!", ruft sie.
„Ramses ist ausgerissen!"
Die beiden Mädchen laufen
erschrocken zum Stall.
„O nein!", ruft Anna.
Ramses' Box ist leer.
„Du hast die Tür nicht verriegelt",
zischt Carina.
„Ich?" Anna tippt sich an die Stirn.
„Du warst zuletzt in der Box."

Grete sattelt ihren Schecken.

„Wer es war, ist jetzt egal.

Hauptsache, Ramses

passiert nichts."

Anna erschrickt.

„Ich helfe dir suchen."

„Ich auch", sagt Carina.

„Nehmt eure Räder",

bestimmt Grete.

„Und ein Halfter.

Ihr fahrt zur großen Koppel.

Ich suche im Wald."

Carina und Anna springen
auf ihre Fahrräder
und radeln den Feldweg entlang.

„Ramses! Raaamses!", rufen sie.
Zwei Rehe laufen davon.
Aber der kleine Hengst
ist nicht zu sehen.
Anna wird blass.
„Wenn Ramses vor ein Auto läuft?"

Die Mädchen rasen zur Brücke,
die über die Landstraße führt.
Von dort blicken sie
auf den Verkehr.
„Auf der Straße ist er nicht."
Carina atmet auf.

„Vielleicht hat Grete ihn gefunden."
Schweigend fahren die zwei zurück.
Beim alten Obstgarten stoppt Anna.

„Da hinten kommt Grete", sagt sie.
„Ich habe alles abgesucht –
keine Spur von ihm!",
ruft die Pferdepflegerin von Weitem.
Carina schnieft.
„Mein armer Ramses!"
„Das ist nicht dein ..."
Anna hält inne.
„Psst!", wispert sie
und fasst Carinas Arm.

Hinter der Gartenhecke raschelt es.
Carina und Anna biegen
die Zweige zur Seite.
Unter den Apfelbäumen
grast ein schwarzes Pony.
„Ramses!", rufen die Mädchen
wie aus einem Mund.
Der kleine Hengst hebt den Kopf
und schnaubt.
Lächelnd blicken Carina und Anna
sich an.

Carina holt das Halfter.
Anna streift es Ramses über.
Dann nehmen sie das Pony
in die Mitte.
Gemeinsam gehen sie
Grete entgegen.

„Wir haben ihn gefunden!",
sagt Anna.
Carina lacht.
„Und unseren Streit begraben."

Jule durch fünf

„Hallo!", ruft Luisa
und reißt die Tür zur Reithalle auf.
Jeden Montag turnt sie hier
mit vier anderen Kindern
auf dem weißen Pony Jule.
„Voltigieren heißt das",
hat Luisa ihrem Papa
nach der ersten Stunde erklärt.
Und ist fast noch toller als Reiten,
finden Luisa, Dina, Till,
Ben und Nelly.
Vor allem auf Jule!

Aber heute ist die Reithalle leer.

Luisa läuft zum Stall.

Jule ist noch in ihrer Box.

Die anderen Kinder stehen davor.

Und Herr Hubert,

der Besitzer des Hofes.

„Hallo, Isa", sagt Till langsam.

„Jule wird verkauft."

Luisa starrt auf das weiße Pony.

„Sie kommt weg?"

Herr Hubert nickt. „Leider.

Ich muss einige Ponys verkaufen",

sagt er leise.

Dann geht er.

In Luisas Kopf wirbeln
tausend Gedanken.
„Wir müssen etwas tun!", ruft sie.
„Jule gehört doch zu uns."
Alle nicken.
„Aber was?", fragt Dina.
„Willst du Jule etwa kaufen?"

„Ein Pony?", sagt Papa,
als er Luisa ins Bett bringt.
„Das ist zu teuer für uns."
„Ich wünsche mir Jule", sagt Luisa
und kuschelt sich an ihren Vater.
„Nichts anderes. Zu Weihnachten
und zum Geburtstag zusammen."
„So gern hast du dieses Pony?
Aber Futter, Stallmiete,
Hufschmied …"
Papa knipst das Licht aus.
„Nein, Isa, es geht nicht."

Lange starrt Luisa
ins dunkle Zimmer.
Arme Jule, denkt sie.
Papa telefoniert nebenan.
Irgendwann schläft Luisa ein.
Ein weißes Pony trabt
durch ihre Träume.

Am nächsten Tag radelt Luisa
gleich nach der Schule
zum Reiterhof.
Hoffentlich ist den anderen
etwas eingefallen, denkt sie.
Auf einmal hört sie
Herrn Huberts Stimme.
Sie kommt aus dem Büro.
„Wir sind uns einig!", ruft er.
„Jule gehört Ihnen!"
Luisa stockt der Atem.
Alles ist zu spät!
Jule ist verkauft!
„Nein!", schreit Luisa
und rennt in den Stall.
Sie vergräbt
das Gesicht in Jules Mähne.

Das Pony schnaubt leise.

Die Stalltür klappt.

Schritte kommen näher.

„Hallo, Isa."

„Papa?" Luisa fährt herum.

Vor der Box steht ihr Vater.

„Du … du hast Jule gekauft?",
stammelt Luisa.

„Nicht allein."

Papa zeigt hinter sich.

Neben Herrn Hubert stehen
die Mütter von Till und Nelly.

Und die Väter von Ben und Dina.

„Wir haben alle zusammengelegt."

Papa nimmt Luisa
in den Arm.
„Eure Jule bleibt auf dem Hof
und hat ab heute fünf Besitzer:
nämlich Nelly, Ben, Till,
Dina und dich!"

Ein Ferkel in der Schule

Marie wohnt in einem kleinen Dorf.
In fünf Minuten fängt
der Unterricht an.
Marie überquert die Schulstraße.
Natürlich guckt sie erst nach links,
dann nach rechts
und dann wieder nach links.
Weil die Straße frei ist,
geht sie hinüber.

Gleich ist sie da.
Plötzlich witscht etwas
an ihrem Bein vorbei.
Es ist etwas Borstiges,
sieht rosa aus und ist ein:
„Huch, ein Ferkel!"

Das kleine, rosa Ferkel
läuft nun neben ihr.
„Was machst du denn hier?",
will Marie wissen.

Das Ferkel antwortet nicht.

Es läuft einfach weiter neben Marie.

„Du musst doch

zurück zum Bauernhof."

Bestimmt ist das Ferkel ausgebüxt.

Aber Marie hat keine Zeit,

das kleine Schwein

zurückzubringen.

Sie muss in die Schule.

„Na, dann komm mal her."
Sie kniet sich hin.
Marie hat noch nie
ein Ferkel gestreichelt.
Das fühlt sich lustig an,
ganz zart.

„Na gut", denkt Marie laut.
„Dann bringe ich dich
nach der Schule zurück."
Marie nimmt ihren Schulranzen ab.

Das Ferkel schnüffelt daran
und grunzt.
„Du riechst das Pausenbrot",
lächelt Marie.
„Das gibt es erst später."
Marie rückt ein paar Hefte zurecht,
dann setzt sie das Ferkel hinein.
Jetzt guckt nur noch
der Kopf heraus.
Marie zieht ihre Jacke aus
und legt sie leicht darüber.

Mit pochendem Herzen
überquert Marie den Schulhof.
Dann rennt sie über den Gang
in ihr Klassenzimmer.
Marie setzt sich auf ihren Platz.
Der Sachkunde-Unterricht beginnt.
„Heute sprechen wir
über Schweine",
sagt Frau Lehmann.
„Wer kann mir sagen,
was ein Schwein frisst?"

Die Kinder überlegen.

„Kartoffeln", sagt Paul.

„Gut, das kann durchaus sein",
sagt Frau Lehmann.

„Und was noch?"

„Schweine fressen doch alles",
weiß Niko.

„Oink",
ertönt es da.

Frau Lehmann hält inne.

„Lasst den Quatsch, Kinder."

„Oink", ruft es da lauter.

„Marie, warst du das?"

„Leise",

zischt Marie dem Ferkel zu.

Aber es ist zu spät.

„Marie, zeig doch mal her."

Schon hat Frau Lehmann

das Ferkel entdeckt.

Es gibt einen riesigen Tumult
in der Klasse.
Alle Kinder versammeln sich
um die Lehrerin, Marie und das
Ferkel.
„Marie hat ein Schwein!", ruft Paul.
„Nein, ein Ferkel",
wird er von Britta berichtigt.
„Lass mich auch mal sehen",
tönt Lisa.
„Och, ist das süß."

Frau Lehmann nimmt das Ferkel
auf ihren Schoß.
„Langsam Kinder, nicht so hastig."
Marie erzählt der Klasse,
wie ihr das Ferkel zugelaufen ist.
Und dass es wahrscheinlich
dem Bauern Antoni gehört.
Da hat Frau Lehmann eine Idee.
„Was haltet ihr davon, Kinder,
wenn wir gemeinsam
das Ferkel zurückbringen?
Dann können wir uns auch ansehen,
wie ein Schweinestall aussieht."

Das lassen sich die Kinder
nicht zweimal sagen.
Unterricht im Schweinestall.
Eine super Idee.

Emma und Silke

Emma hat rote Haare.
Sie sind rot, lang und oft zu einem
dicken Pferdeschwanz gebunden.
Emma findet ihre roten Haare schön.
Sie leuchten toll,
wenn die Sonne darauf scheint.

In der Pause spielt Emma mit Greta.
Sie haben einen Gummi
um die alte Eiche gewickelt
und spielen Gummi-Twist.

„Kann ich mitspielen?",
fragt Silke.
Greta will nicht,
dass Silke mitspielt.
„Ihr seid doof",
mault Silke.
„Und mit Rothaarigen
spiele ich sowieso nicht."
Emma sagt nichts.
Sie tut so,
als hätte sie das nicht gehört.

„Ätsch, bätsch",
macht Silke weiter.
„Rote Haare, doofe Haare."
Emma sagt immer noch nichts.
„Rotfuchs, Dooffuchs, Feuerfuchs!"
Emma reagiert nicht darauf.
Sie hüpft in den Gummi
hinein und wieder heraus.
„Pah. Mit einem Feuerfuchs
spreche ich doch gar nicht."
Silke dreht sich um und läuft weg.
In diesem Moment klingelt es.
Die Kinder strömen
in ihre Klassenzimmer zurück.
Als Emma die Treppe
hochlaufen will,
hört sie ein leises Wimmern.
„Au, au!"
Silke liegt am Boden.

„Au", wimmert das Mädchen.
Jetzt sind alle anderen Kinder weg.
Emma ist mit Silke allein.
„Ich bin abgerutscht
und die Treppe runtergefallen.
Jetzt kann ich nicht aufstehen!"
Emma geht weiter,
als würde sie nichts hören.

„Kannst du mir aufhelfen?",
fragt Silke noch einmal.
„Wieso, ein Rotfuchs
kann dir nicht helfen",
sagt Emma.

Silke bekommt
einen knallroten Kopf.
„Es tut mir leid", sagt sie.
„Es war dumm von mir,
so was zu sagen."
„Okay."

Emma reicht Silke die Hand.

Dann zieht sie Silke hoch.

„Wir müssen zum Hausmeister."

Emma stützt Silke.

Sie kann kaum laufen.

Der Fuß wird ganz dick

und tut weh.

Wenig später kommt

der Krankenwagen.

Silke muss ins Krankenhaus.

Da kommt der Fuß in Gips.

Emma hat Silke versprochen,

sie zu besuchen,

wenn sie mit ihrem Gipsfuß

wieder zu Hause ist.

Vielleicht werden sie ja

Freundinnen.

Die Ausreißer-Jagd

Hanna schreckt in ihrem Bett hoch.
Was war das nur für ein Geräusch?
Draußen ist es stockdunkel.
Es ist noch keiner
vom Reiterhof wach.
Auch Petra nicht, die Besitzerin.

Da hört sie es wieder:
ein Quietschen.
Das ist das Gatter zur Koppel.
Will das etwa jemand öffnen?

Schnell springt Hanna
aus dem Hochbett.
Sie rüttelt Kira am Arm.
„Was ist denn?",
fragt die verschlafen.
„Da ist jemand am Gatter",
wispert Hanna.
Kira ist sofort hellwach.

Gemeinsam schleichen sie
zur Haustür.
Zum Glück ist Vollmond,
da können sie gut sehen.
Am Gatter steht ein Schatten.
Ein großer Schatten!
Die beiden erstarren.
Da springt das Gatter auf –
und der Schatten rennt los.
Nein, er galoppiert los.
Über den Hof in den Garten.

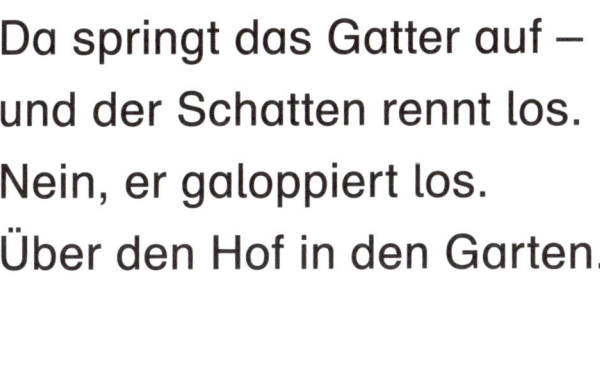

„Das ist ein Pony!", ruft Kira.

„Das will abhauen. Los hinterher!"

Kira und Hanna laufen

in den Garten.

Die knorrigen Obstbäume

werfen unheimliche Schatten:

Manche sehen

wie gruselige Fratzen

und riesige Ungeheuer aus.

Kira und Hanna fassen sich
ängstlich an den Händen
und lauschen.
Nichts ist zu hören.
Nur ihre Herzen,
die vor Aufregung laut pochen.

Plötzlich knacken
hinter ihnen ein paar Äste.
Das Pony!
Kira und Hanna drehen sich um
und starren in die Dunkelheit.
Da kommt etwas!

Das ist aber kein Pony.

Das ist eine große weiße Gestalt!

„Hilfe, ein Gespenst!",

kreischen Kira und Hanna.

Sie rennen, so schnell sie können.

Aber das Gespenst ist ihnen

dicht auf den Fersen.

Da hören sie ein Wiehern.

Kira dreht sich im Laufen um –
und fängt an zu lachen.
„Bleib stehen, Hanna!", ruft sie.
„Das ist kein Gespenst,
das ist unser Ausreißer!"
Und wirklich:
Unter dem weißen Tuch
schauen Pferdebeine heraus.
Schnell befreien Hanna und Kira
das Pony von dem Tuch.

„Ihr seid super", sagt Petra,
die gerade dazukommt.
„Tara hat schon öfter
das Gatter geöffnet
und ist ausgebüxt.
Aber Gespenst gespielt
hat Tara bisher noch nie.
Das Bettlaken muss sie
von der Wäscheleine im Garten
gerissen haben."

Hanna und Kira lachen
und klopfen Tara den Hals.
„Ein schönes Gespenst bist du!"

Der Schubs zum Sieg

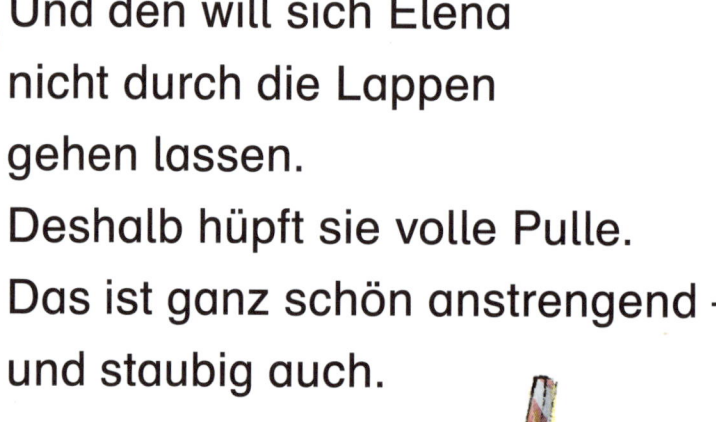

„Auf die Plätze, fertig, los!",
ruft Petra, die Besitzerin
des Reiterhofs,
und klatscht in die Hände.
Elena springt los.
Wer das Sackhüpfen gewinnt,
kriegt heute Abend
auf dem Abschiedsfest
einen Preis.
Und den will sich Elena
nicht durch die Lappen
gehen lassen.
Deshalb hüpft sie volle Pulle.
Das ist ganz schön anstrengend –
und staubig auch.

Pinsel scheint das Gehüpfe
zum Glück nichts auszumachen.
Der trottet ruhig hinter ihr her.
Aus den Augenwinkeln sieht Elena,
dass sie die meisten
schon abgehängt hat.

Und Basti neben ihr
fällt auch zurück.
Sein Pony Rufus läuft nicht mit,
wie es soll.
Nur Kira ist noch vor ihr.
Elena hüpft, was sie kann.
Sie holt auf.
Aber Kira ist immer noch
mindestens zwei Sprünge vor ihr.
Und die Ziellinie ist verdammt nah.

„So ein Mist", flucht Elena,
„das schaffe ich nicht mehr!"
Da kriegt sie von hinten
einen Schubs.
Elena macht einen Satz nach vorn.
Sie stolpert und landet
gleichzeitig mit Kira
auf der Ziellinie:
Kira stehend, Elena liegend.

Elena rappelt sich auf.

„Welcher Idiot hat mich …"

Da ruft Petra: „Unentschieden!

Ihr habt beide gewonnen!"

Lachend hilft Alex Elena

aus dem Sack.

„Den Sieg hast du

Pinsel zu verdanken!"

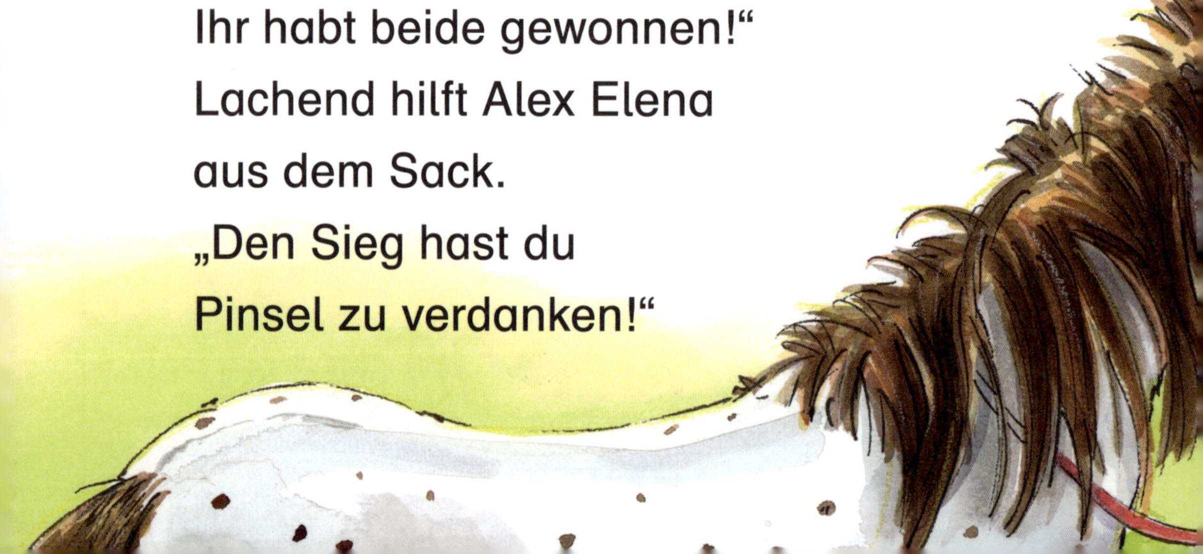

Elena starrt ihn an:
„Wieso Pinsel?"
„Na, der hat dich doch
ins Ziel geschubst",
sagt Alex. „Das gibt zwar
ein paar blaue Flecke,
aber Sieg ist Sieg!"
Elena kann es nicht glauben.
„Ist das wahr, Pinsel?",
fragt sie das Pony.
Pinsel kräuselt seine Lippen.
So, als grinse er.

„Ich glaube, Pinsel wartet
auf etwas", meint Alex.
Pinsel spitzt die Ohren
und schaut Elena
erwartungsvoll an.
Die lacht und ruft:
„Na klar, du hast dir
eine riesengroße Portion
Äpfel verdient!"

Dann fällt sie Pinsel um den Hals
und flüstert ihm ins Ohr:
„Du bist einfach wunderbar!
Nächstes Jahr komme ich
garantiert wieder, versprochen!"

Der gefräßige Drache

Vor vielen, vielen Jahren lebte
in einem fernen Land ein Drache.
Dieser Drache war wild, böse,
gefährlich und überaus verfressen.
Am liebsten fraß er Kinder.
Und am allerliebsten Prinzessinnen.

Leider waren Prinzessinnen
sehr schwer zu kriegen,
denn sie wurden natürlich
ganz besonders gut bewacht.
Aber eines Tages hatte
der böse Drache Glück.
Er schnappte sich Prinzessin Lilly,
als sie im Kräutergarten
gerade Salbei pflückte.

Er brachte sie in seine Höhle
und sperrte sie in einen Käfig.
Dann setzte er sich
in seinen großen Lehnstuhl
und blätterte in seinem Kochbuch.
Leider konnte der Drache
nicht lesen,
deshalb fraß er zum Schluss
doch immer alles roh.
„Dich fresse ich morgen!",
verkündete der Drache.
„Für heute Abend fange ich mir
rasch noch ein paar Fische."

„Und was soll ich essen?",
fragte Prinzessin Lilly,
als der Drache zurückkam.
„Ich habe auch Hunger!"

Der Drache funkelte sie böse an.
Dann warf er ihr einen Fisch zu.
„Ich esse keinen rohen Fisch",
sagte Prinzessin Lilly.
„Könntest du mir
ein Feuer machen?"
„Sonst noch was?",
fauchte der Drache.
Aber dann hustete er doch
auf ein paar Zweige,
und schon prasselte ein Feuer.

Die Prinzessin füllte ihren Fisch
mit dem Salbei und briet ihn.
Es roch köstlich.
Der Drache schnüffelte.
„Das will ich auch!", raunzte er.
Also gab Lilly ihm den Fisch.

Der Drache fraß schmatzend
und sagte dann:
„Das will ich morgen wieder!"

Von nun an musste die Prinzessin
jeden Tag für ihn kochen.
Und weil es dem Drachen
so gut schmeckte, fraß er weder
die Prinzessin noch andere Kinder.

Aber Prinzessin Lilly
wollte nicht für immer
bei dem bösen Drachen bleiben.
Sie schmiedete einen Plan.
Damit der Plan klappte,
musste sie nur warten,
bis Schnee fiel.

64

Endlich schneite es.

„Heute gibt es zum Nachtisch
etwas ganz besonders Gutes!",
sagte die Prinzessin.

„Was denn? Was?",
fragte der verfressene Drache.

Lilly führte ihn
zu einem riesigen Schneemann aus
Schokoladeneis.

Gierig biss der Drache
dem Schneemann den Kopf ab.
„Hm!", machte er. „Lecker!"
Dann verschlang er
mit einem einzigen Bissen
den Rest.

Auf einmal zischte es
im Bauch des Drachen.
Dampf kam aus seinen Nüstern
und aus seinen Ohren.
Dann fiel
der große, böse Drache um
und war tot.
Das Eis hatte
sein Drachenfeuer gelöscht.
Die Prinzessin konnte endlich
wieder nach Hause gehen.
Von nun an musste sich
kein Kind mehr
vor dem bösen Drachen fürchten!

Lena und der Glücksdrache

Lena lebt mit ihrer Mutter
und ihrem Vater tief im Wald.
Sie sind nicht reich,
aber sie sind zufrieden.
Im Frühjahr pflanzen
Lena und ihre Mutter
Kartoffeln, Bohnen und Getreide.
Mit ihrem Vater geht Lena
in den Wald, um Holz zu schlagen.

Eines Tages will Lena
Pilze sammeln.
Als sie sich gerade
nach einem schönen Steinpilz
bückt, sieht sie etwas glitzern.
Sie schiebt das Laub beiseite
und findet einen goldenen Ring.
So ein Glück!, denkt Lena.
Damit können wir uns endlich
eine Kuh und Hühner kaufen!

Da hört sie auf einmal
ein lautes Brüllen.
Es klingt sehr gefährlich.
Was kann das sein?
Lena sieht einen großen Drachen.
Er hat sich
in einer Brombeerhecke
verfangen.
Die spitzen Dornen
haben blutige Schrammen
in seine grüne Haut
gerissen.

Der Drache brüllt so fürchterlich,
dass Lena schon weglaufen will.
Aber dann sieht sie silberne Tränen
in den Augen des Drachen.
Auf einmal ist ihr Mitleid größer
als ihre Furcht.

„Warte, ich helfe dir!",
sagt Lena.
Vorsichtig, sodass kein Dorn
in seiner Haut stecken bleibt,
befreit sie ihn aus der Hecke.
„Danke schön",
sagt der Drache.
„Gern geschehen",
antwortet Lena.
Dann fragt sie:
„Wer bist du eigentlich?"
„Ich bin ein Glücksdrache",
erklärt der Drache.
„Du?", fragt Lena ungläubig.
„Ich finde ja,
es ist großes Pech,
wenn man
in eine Dornenhecke fällt!"
Der Drache lächelt.

„Stimmt, aber wir Glücksdrachen
haben wirklich sehr viel Glück.
Doch weil wir all unser Glück
verschenken, stolpern wir selbst
immer von einem Unglück
ins nächste."

„Dann hast du dich
in der Hecke verfangen,
weil ich den goldenen Ring
gefunden habe?", fragt Lena.
Der Glücksdrache nickt.

„Ich möchte nicht,
dass du Pech hast,
damit ich Glück habe!",
sagt Lena entschlossen.
Sie wirft den goldenen Ring
in hohem Bogen zurück
in den Wald.
„Wirklich nicht?",
fragt der Drache.
„Aber wenn ich dir nichts
von meinem Glück schenke,
musst du für dein Glück
hart arbeiten!"
„Macht nichts", sagt Lena.
Der Drache lächelt wieder.
Dann breitet er die Flügel aus
und fliegt davon.

Und obwohl Lena es gar nicht will:
Seit diesem Tag
klebt das Glück an ihr wie Pech.
Zuerst findet sie auf dem Heimweg
den goldenen Ring wieder.
Dann trifft sie einen netten Prinzen,
der sich in sie verliebt.
Und sie verliebt sich in ihn.
Die beiden heiraten
und jetzt ist Lena Königin.
Den Glücksdrachen hat Lena
nie wieder gesehen.
Aber sie denkt jeden Tag an ihn.

Haltet den Dieb!

Peter und Lina
sitzen im Baumhaus.
Unten im Gras schlummert
Peters Terrier Pascha.
„Ab heute sind wir Detektive",
sagt Lina.
„Au, ja!", ruft Peter.
„Und Pascha ist unser Spürhund."

„Der Pascha frisst und schläft
doch nur", sagt Lina.
„So ein Faultier ist bestimmt
kein guter Schnüffler.
Aber von mir aus!"
Peter und Lina halten jeden Tag
nach bösen Buben Ausschau.
Und Pascha trottet hinterher.

Eines Tages schlecken die Freunde
auf dem Marktplatz ein Eis.
Pascha hat natürlich
auch eines bekommen:
Zitroneneis in der Waffel.
„Pascha weiß eben,
was schmeckt", sagt Peter.

Da nähern sich Schritte.
Jemand hat es verdächtig eilig.
Er rennt plötzlich los
und tritt auf Paschas Waffel.
Das ganze Eis ist zermatscht.
Pascha knurrt und schnuppert.
Aber da ist der Übeltäter
schon weiter gerannt.

Plötzlich kreischt eine Frau:
„Haltet den Dieb!
Er hat meine Handtasche geklaut!"
Sie zeigt auf den Eiszermatscher.
Sofort rasen Lina und Peter los.
Das ist ihr großer Moment!
Der Dieb biegt
um die nächste Ecke.
Die beiden jagen hinterher.

Und wohin jetzt?

Lina und Peter gucken sich um.

Aber der Dieb ist weg!

„Mist!", flucht Lina.

Da trottet Pascha

an den beiden vorbei.

Er reckt die Nase in die Luft

und verschwindet laut knurrend

hinter ein paar Mülltonnen.

„Tu mir nichts!",
jammert jemand.
Am Hosenbein zerrt Pascha
den Dieb aus seinem Versteck.
Der zittert wie Espenlaub.
Erstaunt schaut Lina Peter an.
Der lacht und sagt:
„Wenn es ums Essen geht,
versteht Pascha
eben keinen Spaß!"

Pascha führt den Dieb stolz
auf den Marktplatz zurück.
Die Polizei ist schon da.
Sie nimmt den Dieb mit.
Und im Tausch
gegen die Handtasche
bekommt Pascha von der Frau
ein neues Eis – extragroß!

Vergnügen und Pflichten

„Papa, bitte!", fleht Doro.

„Ich möchte einen Hund haben!

Nur einen ganz kleinen.

So einen wie Frau Blumes Puck."

Papa seufzt: „Ob groß oder klein.

Er muss versorgt werden!"

„Das mache ich doch!", ruft Doro.

„Ich gehe mit ihm spazieren.

Ich gebe ihm Futter. Und …"

„Und was ist,
wenn du lieber
spielen möchtest",
erwidert Papa.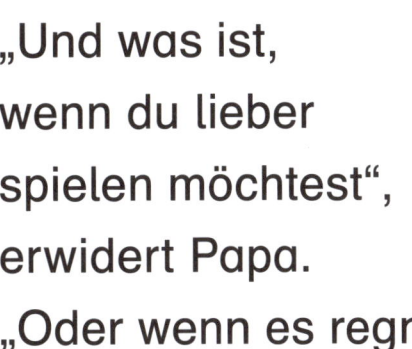
„Oder wenn es regnet?"
„Auch dann!", beharrt Doro.
Papa schüttelt den Kopf.
„Die ersten Tage vielleicht!",
sagt er. „Aber dann wird dir
der Spaß daran
bestimmt vergehen.
Und ich habe
keine Zeit.
Nein, Doro,
vergiss den Hund!"

Doro heult und schreit,
sie jammert und bettelt.
Aber Papa bleibt hart.
Wütend stürmt Doro raus.
Da hört sie ihren Namen.
„Doro!"

Es ist Frau Blume.
„Komm doch mal her!"
Doro rennt zu ihr.
Frau Blume sitzt auf einem Stuhl.
Ihr linkes Bein ist eingegipst.

Puck springt laut bellend
auf Doro zu.
„Hallo, Puck!", ruft Doro
und streichelt ihn.

„Ich habe eine Bitte",
sagt Frau Blume.
„Mein Bein ist gebrochen.
Du und Puck,
ihr versteht euch doch so gut.
Kannst du ihn versorgen,
bis ich wieder laufen kann?"

Doro kann ihr Glück
kaum fassen.
„Darf ich das wirklich?",
jubelt sie.
„Ja! Aber ich kann mich doch
auf dich verlassen?",
fragt Frau Blume ernst.
„Ob die Sonne scheint.
Ob es regnet.
Ob es schneit.
Ob du Lust hast oder nicht.
Puck muss raus!"

„Natürlich!", ruft Doro.
Sie nimmt Puck auf den Arm
und reibt ihre Nase an seiner.
„Ich werde mich gut
um dich kümmern",
verspricht Doro.
„Wir werden Papa zeigen,
dass er Unrecht hat.
Dann kriege ich
einen eigenen Hund und du
einen neuen Spielkameraden."

Ferien zu Hause

„Fahren wir denn gar nicht weg?"
Mama schüttelt den Kopf.
„Das können wir uns nicht leisten.
Wir sind doch erst umgezogen."
„Die ganzen Ferien nicht?",
fragt Sophie erschrocken.
„Dafür haben wir jetzt ein Haus
mit einem wunderschönen Garten",
sagt Mama und lächelt fröhlich.

Sophie seufzt.

Mama versteht rein gar nichts.

Alle ihre Freunde

sind weggefahren.

Und sie sitzt hier alleine rum.

Was sind denn das für Ferien?

Richtig saublöde Ferien!

Im Garten

ist es Sophie zu langweilig.

Sie holt sich ihr Rad

aus dem Schuppen

und fährt ein bisschen herum.

Sie wohnen jetzt

am Rand der Stadt.

Hier gibt es nicht viel zu sehen.

Nur Häuser ganz so

wie das Haus von Sophies Eltern.

Schließlich entdeckt Sophie
einen Spielplatz.
Doch da ist niemand zum Spielen.
Nur ein paar Babys
mit ihren Mamas.
Hinter dem Spielplatz
ist die Stadt zu Ende.
Da gibt es nur noch Felder
und Weiden.

Sophie radelt
einen Feldweg entlang.
Vielleicht sind dort wenigstens
ein paar Kühe oder so was.

Doch Sophie findet
etwas viel Besseres:
eine Weide mit zwei Ponys!
Sophie füttert sie
mit Grasbüscheln.

Eins ist braun gescheckt.
Das andere pechschwarz
mit einer langen, zotteligen Mähne.
Auf der Stirn hat es
einen kleinen weißen Stern.
„Bist du süß", flüstert sie
und streichelt seine weiche Nase.

„Sternchen ist wirklich süß!"
Verblüfft dreht Sophie sich um.
Hinter ihr steht ein Mädchen
mit dunklen Locken und lacht.
„Ich bin Ronja", sagt es.
„Und mir gehören die Pferde!"
„Hast du aber Glück",
murmelt Sophie.
„Schon, aber alleine
ist es meistens nicht so toll."

Ronja reibt sich
nachdenklich die Nase.
„Willst du mit auf den Hof kommen
und Sternchen striegeln?"
Wie gerne würde Sophie
mitkommen!
Doch da gibt es ein Problem.
„Ich habe noch nie
ein Pony gestriegelt", gibt sie zu.

„Macht doch nichts", lacht Ronja.

„Das zeige ich dir schon."

„Ehrlich?"

Sophie strahlt übers ganze Gesicht.

Vielleicht ist es ja doch ganz gut,

dass sie umgezogen sind.

Ronja strahlt auch:

„Klar, und wenn es dir Spaß macht,

kommst du öfter, ja?!"

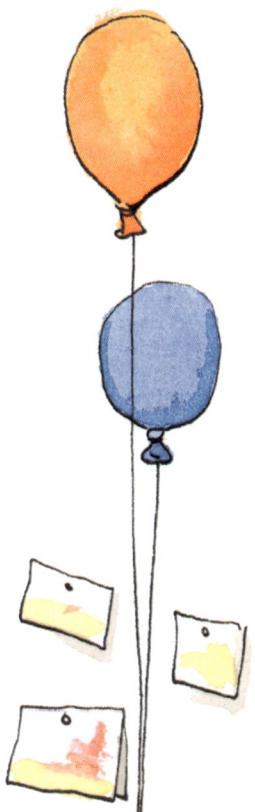

Leserabe Leserätsel

Rätsel 1

Reiterferiengeschichten

Streiche die Buchstaben,
die zu viel sind.

Vololomlonlod

Ungeneghehuer

Sacksahüühpüfeen

Rätsel 2

Schulgeschichten

Wie viele Wörter aus den Geschichten
findest du?

SCHWEINPAUSENBROTFERKELSCHULE

GUMMIEICHEROTFUCHSTREPPE

Lösungen
Rätsel 1: Übrig bleiben Vollmond, Ungeheuer, Sackhüpfen
Rätsel 2: Schwein, Pausenbrot, Ferkel, Schule
Gummi, Eiche, Rotfuchs, Treppe

Hundegeschichten

Rätsel 3

Insgesamt sind sechs Wörter aus den Geschichten versteckt. Kreise sie ein.

B	V	A	L	B	H
J	D	O	R	O	U
L	I	N	A	Z	N
S	E	O	S	P	D
U	B	F	E	I	S
K	M	P	U	C	K

Das Detektivpony

Rätsel 4

Für echte Pferde-Detektive

Carina und Anna finden _____ hinter der Gartenhecke wieder. Als sie ihn entdecken, begraben die zwei ihren _____. Jeden _____ turnt Luisa auf einem Pony. Das Voltigier-Pony Jule soll verkauft werden. Es bekommt fünf neue _____.

Lösungen
Rätsel 3: Lina, Eis, Dieb, Hund, Doro, Puck
Rätsel 4: Ramses, Streit, Montag, Besitzer

Drachengeschichten

Was stimmt? Ersetze die richtige Zahl
durch den passenden Buchstaben.
Dann erhältst du das Lösungswort.

	Ja	Nein
Prinzessin Lilly brät für den bösen Drachen Fische.	18	2̶0̶
Der böse Drache isst Erdbeereis zum Nachtisch.	1̶6̶	9
Der Glücksdrache hat selbst immer Glück.	2̶6̶	14
Lena heiratet einen Prinzen und wird Königin.	7	3̶

A	B	C	D	E	F	G	H	I
1	2	3	4	5	6	7	8	9

J	K	L	M	N	O	P	Q	R
10	11	12	13	14	15	16	17	18

S	T	U	V	W	X	Y	Z
19	20	21	22	23	24	25	26

Lösungswort: R I N G

Rabenpost

Bitte frage deine Eltern!*

Herzlichen Glückwunsch!

Du hast das ganze Buch geschafft und die Rätsel gelöst, super!!!

Jetzt ist es Zeit für die Rabenpost.
Wenn du das Lösungswort herausgefunden hast, kannst du tolle Preise gewinnen, aber bitte frage vorher deine Eltern, ob du mitmachen darfst!

Das Lösungswort kannst du auf der Website eingeben: ▶ www.leserabe.de

oder schick es mit der Post an:

Lösungswort:

An
den LESERABEN
RABENPOST
Postfach 2007
88190 Ravensburg
Deutschland

* Wir verwenden die Daten der Einsender nur für das Gewinnspiel und nicht für weitere Zwecke. Alle weiteren Informationen zum Datenschutz und über unser Gewinnspiel findet ihr unter www.leserabe.de.

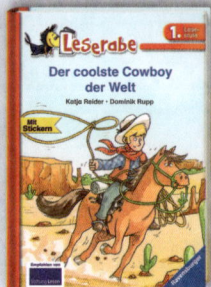

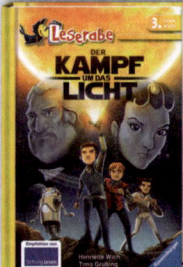